섬은
보고 싶을 때
더 짜다

고성기 여섯 번째 시집

**섬은
보고 싶을 때
더 짜다**

그림과책

| 시인의 말 |

섬은
내가 낳고 자라서
결국 묻힐 곳이다
내가 섬이다
내가 낳은 시들도 섬이 되어 여기 묻힐 것이다
섬은 온통 그리움과 기다림이니
고독과 단절이 낳은 숙명이다
그리움도
기다리다 잦아지면

짜다

2025년 9월

고 성 기

차례

5   시인의 말

1부 섬은 왜 짤까

14   섬은 왜 짤까
15   바다는
16   섬에는
18   모슬포 자리
19   등대
20   영등할망
21   알고 싶으면
22   토끼섬
23   시인은
24   미안하다
26   억새 앞에서
28   좋은 술은

2부 먼지까지 고운 사람

30 팔만대장경
31 찻잔 앞에서
32 정암사에서
33 이별
34 불이문不二門
35 묻지 말아
36 먼지를 털며
38 날씨와 기후
39 동자승에 합장
40 곱게 늙는 법
41 군고구마
42 나이 들지 못하는 것
43 공존
44 철새
45 오죽하면
46 비누와 치약

3부 바람 따라 가는 꽃

48 겨울 구절초
49 세 친구
50 찔레장미
51 지도
52 여인의 삶은
54 또 봐요
55 노랑 나비
56 낙엽의 꿈
57 꽃 진 자리
58 금창초
59 감꽃 3
60 노래하는 시인 김민기
61 소리도 보인다
62 눈물은
63 그날은 언제
64 젊은 그대에게

4부 말보다 깊은 언어

66 가을이 1
67 가을이 2
68 가을이 3
69 가을이 4
70 가을이 5
71 깜피 1
72 깜피 2
73 깜피 3
74 그랜드 캐니언
75 모뉴먼트벨리
76 엔텔로프 캐니언
77 브라이스 캐니언
78 자이언트 캐니언

5부 웃음이 더 곱구나

80 국밥집 아줌마
81 동지 팥죽
82 봉성리 폭낭
83 팝콘
84 유통기한
85 채송화
86 필터를 갈며
87 아버지의 뒷모습
88 어머님 말씀
89 아내의 잔소리
90 조천하면 떠오르는
91 정류헌情流軒
92 일기 예보
93 죽부인

6부 절반 비운 반달처럼

96　2월은
97　반달
98　달을 보며
99　해 보아라
100　오늘은
101　밤하늘
102　비 오는 날
103　혼자 있으면
104　초복 전야初伏前夜
105　다시 봄
106　가을비
107　가을장마
108　가을과 겨울 사이
109　겨울비
110　청소

112　고성기 시세계

1부 섬은 왜 짤까

섬은 왜 짤까

파도와 맞서 싸운
당신은 섬입니다
그 섬이 나를 낳았으니
나 또한 섬입니다
나 역시
섬을 낳아서
섬끼리 모여 삽니다

섬은 늘 뭍을 보고
파도는 가로막습니다
발끝까지 짠 것이
이유가 있는 게지요
그래서
마르지 않아도
그리움은 짠 것이지요

바다는

바다는 예전부터 나눗셈을 모른다
밀물과 썰물은 다시 합쳐 바다일 뿐
언제나
편 가르지 않고
그냥 오고 그냥 간다

밀어내는지 당기는지
모른다 멍하니 볼 뿐
그래도 하루 두 번 밀려오고 밀려간다
난 몰라
사람이나 알지
품 넓으면 말이 없다

너를 밀어낸 적도 없고
너에게 돌아선 적도 없다
그 높이 그 깊이로
바라볼 뿐이었다
바다는
그래서 짜나
섬이나 바라볼 뿐

섬에는

이 섬에선 어딜 가나
기다림만 모여 산다

도항선 타고 오는 아들을 기다리고 낚시 간 남편의 돌돔을 기다리고
소라 해삼 잡으려고 썰물을 기다린다 아 오늘은 딸 사위가 오는 날
전복의 외출을 기다린다 왜 기다림은 매일 짧까

섬에선
아무리 둘러봐도
기다림밖에 없다

이 섬에는 어딜 가나
그리움만 널려있다

유채꽃밭에 떨어진 사연도 줍고 책상 앞 흑백 사진에 아버지도 웃고 있고
별이 떨어진 숲길에는 속삭임도 잠들어 있다 아직도 오지 않는 그 사람 오늘은 밉지 않다

이 섬엔

그리움도 짜다

보고 싶을수록 더 짜다

모슬포 자리

내 고향
한림 앞 바다
쉬자리가 맛있다
보목리 사람들은
서귀포 자리
최고란다
발길은
모슬포 항구
아, 벌써 쏘주 한 병

등대

파도가 부서지고
섬에 닿고 또 떠나도
등대는 귀를 열고
새소리만 듣는다
당신의
아픈 기억을
지켜주는 기다림

영등할망

얼마나 기다렸으면 입춘까지 못 기다려
초하루 귀덕 포구 버선발로 내려섰나
치마폭 감추어둔 봄 삐죽 고개 내밀었다

겨울이 할퀴고 간 상처를 보듬으며
하늘 땅 바다까지 두 손에 움켜쥐고
섬사람 마른 가슴에 봄의 씨앗 심었다

비우고 다시 채워 넉넉한 이 바다를
돌아서 다시 보며 소섬 포구 떠나는 날
북 쳐라 장구도 쳐라 이 섬 가득 여물도록

알고 싶으면

바다가 고향인 소금은
오늘도 궁금했어요
저리 깊고 푸른 바다는
얼마나 짠 걸까
옷 벗고
풍덩 빠져서
다 녹여야 알았어요

토끼섬

작지만 하얗고 검은 하도리 앞 바위섬
억겁의 시간이 밀려와 쌓이고 쌓인 모래 둔덕
흘러온 문주란 씨앗 다리 뻗고 누웠다

메마른 땅이어도 꽃은 피고 다시 지고
하얀 토끼 부부가 오순도순 살았다네
전설을 모래에 묻고 섬 이름만 남겼다

고향을 묻지말아 뼈 묻으면 제집이지
현무암 구멍마다 난향 가득 고여 있고
말없이 가슴을 열어 찢어지는 꽃술이여

시인은

바다는 그 어디에 파도를 숨겼을까

하늘은 가슴 어디
구름을 품었을까

시인은
구슬 같은 시어
언제 꺼내 꿰는 걸까.

미안하다

1. 들꽃에게

보랏빛 네게 어찌 이름이 없으랴만
명색이 시인이라며 두루뭉술 들꽃이라니
네 이름 들고 가보니 벌써 지고 말았구나

2. 제비꽃에게

겨울 지난 잔디밭에 보랏빛 너무 곱다
설 자리 잘 모른 꽃 모질게 뽑으면서
오랑캐 오랑캐꽃이라며 못난 변명 미안타

3. 하늘에게

그 맑던 가을 하늘 먹구름에 덮였어도
또다시 파란 모습 멍하니 바라본다
우러러 부끄럼 없다는 시인 보기 부끄러워

4. 땅에게

뚜렷한 발자국 하나 남기지 못한 놈이
꼬박꼬박 하루 세끼 비싼 쌀만 축내는군
콩 세 알 그도 나눠 먹던 옛 어른 오늘 본다

5. 새에게

꿈 속을 헤매는 나 깨우러 오셨는가
창가에 울다 지쳐 자지러지게 노래한다
그 외침 못 알아들어 아 벌써 봄이 왔나

6. 감나무에게

여름엔 그늘 주고 가을엔 열매 익혀
다 태워 주고서도 다소곳 선 감나무
웃자란 나도 못 자르며 전정 가위 들고 섰다

억새 앞에서

시간이
아픈 시간이 강처럼 흘렀어도
언제나 되돌아오는
아픔이 너무 깊다
다랑쉬
억새 앞에서
무릎 꿇어 보았는가

울컥울컥 토하는
핏빛 울음 쌓인 곳에
머리 풀고 꼿꼿이 서서
외치는 소리 들었는가
죄 없다
못 배운 한이 커
모진 땅에 뿌리 뻗을 뿐

해원굿 춤사위 타고
산 자여 울어보았나
열 한 분* 그뿐이랴
수천수만 한이 묻힌

큰 무덤
텅 빈 가슴에
쑥부쟁이 홀로 곱구나

*다랑쉬 오름 동굴에서 발견된 4·3 희생자 열 한 분

좋은 술은

아무거나 삭힌다고
좋은 술이 된다더냐
좋은 쌀 맑은 물에 누룩이 익었어도
알맞게
손길 닿아야
깊은 맛이 나는 거지

시인이 쓰기만 하면
좋은 시가 된다더냐
꽃 넣고 하늘 담고 난향까지 넣은 후에
마지막
시안詩眼을 찾아
점 찍어야 화룡점정畵龍點睛

2부 먼지까지 고운 사람

팔만대장경

법정 스님 가셨지만
이 말은 남아있다
보시 많이 하지 말아
절은 가난해야 한다
비워야
채워지는 게
그 어디 절만이랴

금과옥조 대장경도
빨래판 같다는 어느 할매
그저 스친 말이지만
부처님 말씀이다
맘에 낀
얼룩진 때를
깨끗이 빨라는 법어

찻잔 앞에서

식어가는 찻잔 속에
다른 생각 넣지 마라
깊은 눈으로
나를 다 읽은 스님
무아無我를
알고 싶으면
무념無念부터 찾으란다

정암사에서

책 한 권 반야심경 배낭이 참 무겁다
있다와 없다 비움과 채움
모르겠다
모르겠다
법고는 저리 우는데
모자람
하나 알았다

수마노탑 몇 번 돌아도
막힌 머리 돌지 않는다
정말 돌아야 할 돈
돌지 않아 쌓이듯이
욕심도
그럴 것 같아
죽비 들고 내리쳤다

*정암사 : 강원도 정선군에 위치한 조계종 국보 332호 수마노탑에 석가모니 진신사리가 모셔져 있어 적멸보궁에 불상은 없다

이별

누구나
제 무게만큼
소리를 갖고 있다

가볍다
민들레 홀씨
뚝 떨어진
동백꽃

가슴에
쿵
떨어지네
저리 하얀 편지도

불이문不二門

50년 함께 살아도
너와 나 둘이었다

만남과 이별도 나누지 말라는데

그 앞에
손잡고 서면
참 하나 알게 될까

묻지 말아

찻잔에 새소리 질 때
무슨 생각하냐 묻지 말아
민들레 홀씨 붙잡고
어디 가느냐 묻지 말아
갈 곳을
모르는 것이
나 말고 또 어디 있을까

먼지를 털며

먼지 안 나는 사람 없다고
먼지가 말해야지
태초에 말씀보다 먼저
먼지가 있었다고
창세기
맨 앞에 써라
성경 위에 앉은 먼지

부처님
머리 위에 앉아
수많은 절도 받아봤고
십자가 위에 서서
그 많은 죄도 용서했지만
아가씨
구두에 앉아
외려 실컷 맞았다

기다린 사람 앉은 자린
먼지도 고울 거야
빗자루 들었는데

향기 먼저 찾아왔네

그렇다

만날수록 좋은

먼지까지 고운 사람

날씨와 기후

날씨와 기후는
어떻게 다를까요
어느 대기과학자 비유가 재미있다
날씨가
기분이라면
기후는 성품이란다

웃었다 찡그렸다
소녀 마음 날씨라면
온화하고 과묵하지만 화나면 무서운
아버지
성품이라네
기후가 그렇단다

동자승에 합장

부처님 앞에서도
장난치는 동자승과
근엄하게 목탁 치는
주지 스님 염불 소리
보살은
마음 문 열고
누굴 보며 웃을까

목탁도 비어 맑고
법고는 왜 부드러운가
범종은 모두 비워도
온 산을 깨워 흔든다
동자승
비울 것도 없어
물빛보다 고운가

곱게 늙는 법

화암사 극락전 앞에서
어떻게 살까 묻다
안도현은 잘 늙었다
가볍게 노래했지만
우화루
합장해 서면
지난 시간 무겁다

참배객 몇 없어도
섭섭해하지 않고
꾸미지 않을수록
절로 격이 높아지는
처마 밑
넉넉한 그늘
곱게 나이 드는 법

군고구마

군고구마 껍질 벗기며
노란 속살 바라본다
구워야 맛있어지는 게
세상 어디 너뿐이랴
뜨겁게
다 태우고 나야
고운 빛깔

사리

나이 들지 못하는 것

외로움은 나이 들어도
그리움은 제 자린가 보다
매화는 봄이면 작년처럼 벙글지만
그 이름
새기기보다
지우기 더 어렵다

어디서 와서 어디로 가는지
현재만 있는 바람처럼
스치는 옷깃에도 내려앉은 사연 하나
떨림만
속으로 울어
왜 흘러가지 않는가

공존

막대기 가운데를
두 손으로 잡습니다
왼쪽과 오른쪽 균형을 맞춥니다
왼쪽에
파랑색 칠하듯
빨강색도 칠합니다

막대기 가운데를 톱으로 자릅니다
파랑색의 좌·우처럼
빨강색도 나뉩니다
나뉘고
다시 나뉘어도
좌·우 함께 삽니다

철새

제비 떠난 자리
기러기 날아왔다
어찌 그 먼 길을 쉬지 않고 날았을까
뼛속을
비우는 아픔
날개 속에 묻어두고

여의도 철새들은
뼛속까지 기름이 껴
뭘 보고 날아가나 아, 저 뒤뚱거림
미안타
흙탕물 튀겨도
맑은 하늘 날아라

오죽하면

뜻대로 안 되는 세상
외려 그걸 즐기나 보다
네 실수가
내 즐거움
픽 웃으며 고소해하는
돈 주며
야구장 간다
안 되는 걸 보는 재미

비누와 치약

5월 감나무 앞에서
저 얼굴 부끄럽다
권력은 검은 구름
재력은 밤 소나기
뻔뻔함
다 씻고 야윈
비누 잡고 손 모으다

잠깐 피고 지는
화려한 작약 앞에
천 년 살 듯 가벼운
악취 나는 입을 닦는
돌 돌 짜
다 마른 치약
그런 시 쓰고 싶다

3부 바람 따라 가는 꽃

겨울 구절초

눈 올 무렵 숲 그늘에
수줍게 진 구절초여
보는 이 없어도 피어
마른 꽃이 되었구나
꽃들아
수고 많았다
내가 미리 보러 올걸

살며시 향을 맡으면
가까이 다가와서
보는 이 없어도 피는 꽃이
세상 어디 너뿐이랴
귓가에
내려놓고선
바람 따라
가는 꽃이여

세 친구

외로움의 옆방엔
그리움이 삽니다
가끔은 맞장구치며
쓴 소주도 마십니다
콩나물
선짓국 끓여
문밖에 선
기다림

오늘도 외로움은
뼛속까지 눈물 스며
그리움을 불러 앉혀
서사시를 씁니다
그 사연
소설 쓴다며
문 닫고 앉은
기다림

찔레장미

찔레가 변함없이
찔레만 만난다면
외진 길가 가시덤불
보는 이 없는 향기
그토록
화려한 장미
사모한 게 죄일까

아니라네 죄 아니네
운명처럼 만났다네
공개된 외도라도
설렘은 뜨거웠다
실험실
양지바른 곳
딸로 핀 찔레장미

지도

어디로 가야 할지
삶에도 지도가 있다
종점은 분명 알지만
들르고 싶은 곳이 많아
오늘도
수첩을 꺼내
갈 길을 그려 본다

이 시를 쓰고 나면
국밥집도 가야 하고
막걸리 한 잔으로
잊을 건 지워야 한다
왜 이리
곡선이 많은지
곧장 가기 힘든 삶

여인의 삶은

나의 시가 여자라면 이런 삶 그리고 싶다
어머니 살아온 길 내 누이 밟은 아픔
아직도 눈물만 고인 들꽃을 심고 싶다

바람 불어도 까르르 벚꽃만 져도 글썽글썽
수줍게 피어나는 백목련 열일곱 살
두 눈에 가을을 담아 붉게 물든 여고 2년

두 아이 학교 보내고 설거지 깔끔하게
거울 앞에 털썩 앉아 하루를 화장하다
거칠다 익어야 단맛 갓김치 같은 여자

아줌마 누구냐며 오랜 치매 앓고 있는
미음 쒀 입에 넣고 시어머니 눈물보다
돌아서 제 눈물 닦는 가슴 시린 며느리

내려갈 길이 보여 뒤돌아보는 시간
주름살 늘어가듯 화장이 짙어졌다
채워도 허전한 가슴 차라리 비우리라

시간은 이리 빠른데 둘러봐도 나는 없다
앞서가는 남편 등 뒤 하루는 저무는데
저녁놀 왜 아름다운가 곱씹다 끄덕이다

이제는 빈 들에 서서 버릴 것 생각한다
젊은 날 화사한 옷 차곡차곡 쌓아놓고
내 삶도 태울 게 있을까 둘러봐도 이름뿐

또 봐요

잘 가요
하고 나니
강물 앞에 서 있는 듯
또 봐요
손 흔드니
대문 곁에 기대선 듯
어차피
못 오더라도
기다림은 남아야지

노랑 나비

비에 젖은 아침 귤꽃
노랑 나비 앉아 있네

얼마나 배고프면 날갯죽지 다 젖을까

안전모
벽돌 나르는
공사판에도 비가 오네

낙엽의 꿈

70 훌쩍 넘어도
봄이 되어 주지 못했다
낙엽인 건 알겠는데
썩을 줄은 몰랐다
올가을
찬 바람 불 때
청귤 아래 삭을 거야

꽃 진 자리

불두화 꽃 진 자리
하얀 눈이 쌓였구나
꽃 공양으로 모자라
온몸 던져 덕을 쌓네
떨어져
고운 사람도
저리 꽃이 되는 걸까

금창초

낮추어 피었어도
내 눈 밖에 나는구나
잔디밭
몰래 숨어
보랏빛 그리 고와도
설 자리
그 하나 몰라
잡초 되고 말았다

호미 든 내 앞에서
눈웃음치지 말아
모질게 뽑는 내 맘
너보다 더 파랗다
숨돌려
분에 심으니
눈 흘기는
저 청상靑孀

감꽃 3

감꽃이 피었습니다
올해도 어김없이
떨어지는 게 미덕임을
뼈저리게 배웁니다
매달린
감꽃을 보며
배시시 웃습니다

가난이 뭔지 몰라도
모두 배고픈 어린 시절
감꽃 주워 먹으며
추억으로 배 채웠지
철들어
떨어진 감꽃
보시임을 알았다

노래하는 시인 김민기

부르긴 너무 힘들어 듣기만 하는 노래
들을수록 울림이 있고 가슴 저리게 하는
봉우리 낮은 봉우리를 아침부터 종일 듣는다

기지촌 늙은 군인 공장의 불빛까지
버려진 평범함과 볕 안 드는 마을 안 길
눈 촉촉 걸어가는 노래 그 눈물로 쓰는 시
서슬 퍼런 10월 유신 **상록수**를 홀로 심고
어두운 하늘에도 **아침이슬** 내려왔다
골목길 돌아보면 모두 **아름다운 사람**이었다
눈 시린 가을 아침 기다림이 여물 무렵
고은의 **가을 편지** 우표 없이 내게 왔다
봉투를 와락 찢으니 발신인은 김민기

그대만 땅 아래서 숨죽여 울었겠나
나도 울었지만 뜨거움이 없었다
기르던 **백구**까지 되살려 누구를 향해 짖게 하나

*이 시를 쓰고 한 달도 되기 전에 김민기 선생이 돌아가셨다. 삼가 옷깃을
여미고 고인의 명복을 빈다.

소리도 보인다

해 뜨고 별도 지네
시간이 보인다

감나무잎 흔들리네
바람도 보인다

사랑해!
흠칫 놀라 돌아선
아, 소리도 보인다

눈물은

슬픔을
고치려면
목놓아 울어야 한다
기쁨이
활짝 피려면
숨죽여 울어야 한다
눈물은
메마른 가슴
나무까지 자라게 한다

그날은 언제

어려움을 보면서도
아픔을 늘 들어도
하늘과 땅보다
어쩌면 더 먼
거리
머리와 가슴 사이는
어떤 다리 놓아야 할까

그 다리를 매일 건너
가슴이 뛰면 뭐 해
두 손까지 가는
거리
두 발로 뛰는
거리
그곳에
다리를 놓아
다가설 날은 언제

젊은 그대에게

그윽한 고려청자도
한 줌 흙으로
빚었느니
서두르지 말라
너는 아직 마른 흙
도공은
물 부어 저으며
물빛 연적硯滴 그릴걸

4부 말보다 깊은 언어

가을이 1

감나무 잎
뚝
뚝
지는 날
가을이 찾아왔다
슬픈 눈으로 다가와
앙상한 꼬리 흔들었다
가을아
부르고 나서
식은 밥
국 말아 줬다

목줄을 채우지 않아
배고파도 자유로운
언제라도 떠날 수 있는
네 영혼이 외려 부럽다
가을비
허기진 하루
한 하늘이 젖고 있다

가을이 2

가을이 온 지 두 달
아직도 곁에 있다
목줄을 채우지 않아
훌쩍 갈 줄 알았는데
이제는
가을과 함께
겨울을 생각한다

온종일 꼬리치는
세상에 오직 하나
정류헌 잔디밭에
외로움은 이제 없다
스킨십
말보다 깊은 언어
추울수록 뜨겁다

가을이 3

본능을 드러내도
외려 떳떳하구나
너를 빗대 욕설하는
인간이 부끄럽다
귀여운
개새끼들이
늘어지게 하품한다

감추어도 드러나는
그래서 더 숨기는
먹이 든 인간에게
이제는 꼬리치지 마
가을아
너보다 못한 놈들
여의도에서 짖고 있다

가을이 4

든 정은 몰라도 난 정은 안다던 옛말
하나도 안 틀리다. 가을이 너 갔구나
아강발 뼈 모아들고 불러봐도 빈자리

목줄을 채우지 않아 자유롭다 말했는데
넌 정말 훨훨 날까 다치지는 않았을까
현관 앞 너 졸던 자리 옆구리가 시리다

못 오는 사연 있겠지 그 새 정든 122일
너는 내 친구였고 때로는 아들이었다
나보다 더 따슨 주인 품에 안겨 꼬리치길

잊었던 외로움도 그 옆집 그리움까지
한꺼번에 살아났다 가을이 너 간 후로
함부로 정 주지 말라 그 말 왜 잊었었나

가을이 5

그래, 우리 인연은
여기까지인가 보다
너의 집 치우려니
돌아와 꼬리 치는 듯
월동 무
싹둑 자르듯
끊을 수 있다더냐

깜피 1

가을이 가버린 더 커진 빈자리
깜피를
모셔 왔다
진돗개 후손 까만 호피
십 년만
함께 살자고
귓속에 대고 속삭였다

깡피 2

돌아와 묶일 줄 알지만
간식 주면 목을 내민다
목줄은 숙명의 끈이라
비굴보다 체념이다
신이 준
긴 끈에 묶인
나보다 외려 낫다

깜피 3

천미천 산책길은
깜피와 함께한다
길 잘 아는 요 녀석
뛰어가다 되돌아온다
빠르면
되돌아오는 것
니가 내게 알려줬다

그랜드 캐니언

신이 몰래 만든
비경
그 위에 길을 내다니
웅장한 자연 앞에 위대한 인간이 섰다
천
길
하
콜로라도강
꽃비로 내리는 감탄사

그러나 다시 그러나
시 한 줄 쓰지 못하는
작아지는 시인이여
아! 밖에 더 못 쓰는
왜 이리
보잘것없나
사랑하고 지운 일

모뉴먼트벨리*

긴 협곡 깊게 판 게
마음에 걸렸었나
울퉁불퉁 솟아난 바위
인디언의 염원인가
존웨인
역마차 타고
장총 들고 나타날 듯

황량한 서부여도
길은 길게 곧게 뻗어
멀리서 보면 감탄사
가까이선 외려 느낌표
높거든
많지나 말지
하나만으로도 국보인걸

---

*서부 5대 협곡 중 서부영화에서 많이 보았던 평균 300m 높이의 기형 바위 군락지

엔텔로프 캐니언

모래도 빗물에 젖어
세월에 발 담그면
속까지 까맣게 탄
바위가 되는 것을
그 바위
조각도로 깎아
저리 붉은 구절양장

미 서부도 약탈자의
말발굽에 할퀴었을까
속 썩인 수절과부
그만큼이나 아팠을까
그 가슴
칼로 후비면
아파도 저리 고울까

브라이스 캐니언

유타주 남부의 협곡
수만 개의 다른 첨탑
기묘함에 환호하다
그 빛깔에 넋을 잃다
붉은빛
때론 진주홍
아, 저 선분홍

우리는 옷 다 벗으면
과연 어떤 빛깔일까
누루죽죽 거무튀튀
빨리 옷을 입어야지
가식이
본색을 감싸는
이 편한 세상인걸

자이언트 캐니언

내려다보는 감탄사
그랜드 캐니언이면
올려다보는 느낌표
자이언트 캐니언
땅덩이
넓은 나라니
돌덩이도 큰 것인가

5대 캐니언 마지막 여정
협곡 속에 아쉬움 묻어
비까지 쏟아지니
마음까지 다 젖는다
협곡에
묻힐까 했네
벗어나니 황야 황야

5부 웃음이 더 곱구나

국밥집 아줌마

겨울비 오는 날엔
쏘주 한잔 제격이지
화장도 반찬이라며
웃음 살폿 감추더니
바람난
웬수 생각에
싹
둑
싹
둑
잘리는 순대

동지 팥죽

폭설로 다 끊어진
눈길에 불쑥 와선
동지 팥죽 한 냄비
막걸리 두 병 놓곤
외로움
다 싣고 가버린
뜨거운 사연 있다

천사는 성경 속에
숨은 줄 알았는데
드디어 만났다네
배시시 웃는 부부*
잘 익은
김치 씹으며
만남을
다시 씹으며

*송당리에 사는 최만제·김영신 부부

봉성리 폭낭

강상돈 시인 나고 자란
애월읍 봉성리에는
전설을 먹고 자란
폭낭 여럿 모여 산다
폭보다
맛있게 익은
추억을 따 먹고 있다

우리 집 마당에도
폭낭 세 그루 늙었지만
벌레에 기죽어서
열매 하나 못 보더니
봉성리
빨갛게 여문
폭보다 더 익은 인심

팝콘

정류헌 오월이면
때죽나무 꽃이 진다
우루루
우루루
소복이 쌓인 향기
와, 팝콘!
달려온 손자
녀석아 니가 시인이다

유통기한

유통기한 지난 로션
얼굴에 고루 바르다
이를 본 막내 호들갑
당장 큰일 날 듯

거봐라
아무렇지도 않지?
나도 이미 지났거든

채송화
– 어린이날 손녀 여원에게

화단 작은 모퉁이에
키 작은 채송화야
오늘은 다가앉아
뚫어지게 보았구나
웃었다!
그리 고운걸
오늘 늦게 알았다

비 오는 아침에도
하나도 젖지 않고
아무리 바람 불어도
찡그리지 않아 고운
여원아
니가 채송화
웃으니 더 곱구나

필터를 갈며

3년 지난 정수기
필터를 교환하다
울컥 올라오는
비릿한 생선 가시
목구멍
간질거리며
외려 남을 아프게 한

내 입에
필터를 달면
그 가시 뽑혀질까
따라오던 미움과
앞서가던 독선도
다 걸러
한 품에 안겨
맑게 넘쳐흐를까

아버지의 뒷모습

돌아선 뒷모습은
표정이 없습니다
눈물 보이지 않아도
목젖이 젖어오는지
인터넷
바둑만 두는
하루는 너무 깁니다

갓 오십 명퇴한 후
공원엔 빈자리 넓어
막걸리 한 사발에
웃어도 눈물입니다
오늘도
쳐진 뒷모습
어깨만 보입니다

어머님 말씀

1.
적금 타자 에어컨 교환 들어온 만큼 나가나 보다
싱크대 교환 휭 하더니 보험 만기 전화 오네
떠오른 어머님 말씀 '올레에 저울대 있저'
2.
'살암시민 살아진다' 늘 위로하던 말씀
사는 거다 기죽지 말고 올곧게만 가는 거다
가신 지 오래됐어도 힘이 되는 짧은 진리
3.
젊은 시절 세배하면 베개 밑 숨겨둔 지폐
해마다 잊지 않고 쥐여주며 하시는 말씀
'남자는 제 나이만큼 지갑 두둑허여얀다'

아내의 잔소리

상 차리며
반찬으로
빨래할 땐
세제 되고
마주 앉으면 간식
외출할 땐 국화 향기

입 닫는 캄캄한 날엔 눈도 함께 닫겠지

조천하면 떠오르는

남자만 천 명 산다는
조천면 신촌리에
동백은 외로울 때 꽃을 피운다는
중계* 선생 사셨지요
오늘도
그 말씀 새겨
외로움 앞에 섰습니다

*故 중계 이용상 시인

정류헌情流軒

천미천 품에 안겨
정情마저 흐르는 곳
15평 작은 집이
나에겐 외려 크다
고이면
정까지 썩는다고
류留 대신
류流를 썼다

이른 봄 매화 피고 뒤이어 목련 진다
화르르 동백 피면 철쭉 또한 자지러지고
정류헌
꽃질 날 없다
주인만 홀로 시들 뿐

일기 예보

기압골이 뭔지 몰라도
할메 예보 틀림없다
텃밭에 검질 메다
허리 패우멍 허는 말
아이고
둑지 아프다
비 오젠 허는 거 답다

죽부인

오일장 외진 모퉁이
한 여인을 안고 왔다
가슴에 구멍 숭숭
눈비 맞아 살아온 듯
한여름
바람을 피네
그래도 여자구나

6부 절반 비운 반달처럼

2월은

능수매화
벙글다
가슴이 간지럽다
발바닥이 아프다 뿌리 돋나 보다
2월은
하늘보다 먼저
꿈틀댄다
저 땅 밑

반달

석암* 선생 내게 써주신
운심월성雲心月性 매일 본다
구름처럼 얽매이지 않고
달처럼 차면 비우는
오늘은
절반을 비운
하현 반달 안겨 온다

목월木月이 노래한
구름에 달 가듯이
그 옛날 孟浩然*과
어쩜 그리 통했을까
나그네
종점을 알고 가는
절반 비운 반달처럼

*石巖 金瑢玉 : 서예가
*孟浩然 : 당나라 시인 그의 시구에 나오는 野客雲作心(야객운작심) 高僧月爲性(고승월위성)

달을 보며

초승달이 점점 커져
보름달이 되는 걸까
보름달이 작아져
그믐달이 되는 걸까
당신은
늘 그 자리에서
날 보고 있을 뿐

해 보아라

새해 첫날
일출봉에서
붉게 타는 해 보아라
분명 하나인데
모두 담고 내려오는
나누어
더 밝아진 빛
말 없는 가르침을

해 보아라
되뇌다 보면
떠오른 게으른 나
해 보지도 않고
몇 번을 돌아섰나
해 봤어!
문득 떠오른
정주영 어른 말씀

오늘은

어제는 지나갔고
내일은 오지 않았다
먹구름 몰려와도
파란 하늘 숨어 있으니
그대여
우리 마주 앉아
두 눈 속
오늘만 보자

밤하늘

겨울밤 별을 빛내고
오돌오돌 떨면서
자취 없이 사라질 새벽이 가까워도
밤하늘
별이 부러워
빨리 밝지 않는다

비 오는 날

엘가의 '사랑의 인사'
비 오는 날 아침 듣는다
실핏줄까지 적시는 첼로의 가는 떨림
빗방울
언제 그쳤나
심장엔 그냥 내리네

혼자 있으면

외로워야 보인다
들꽃의 향기까지

혼자 있어야 들린다
바람의 속삭임도

그리움
그것까지 잊어야
그믐달도 벗이 된다

초복 전야初伏前夜

더위야 물렀거라
큰소리쳐 보지만
오늘 납작 엎드렸다
초복
중복
말복

더위가
엎드려 공격하는지
내가 엎드려 기죽은 건지

다시 봄

대동강 물 녹으니
개구리 튀어나왔다
이보다
가까이 온 봄
어떻게 그려야 할까
홍매화
벌써 눈치채
바람 난장 피우는 걸

가을비

가을비 오는 날은
맘이 먼저 젖는다
재채기에도 깜짝 놀란
감나무 아래 서면
후드득
가을이 진다
그리움도 함께 진다

문 열고
고교장! 하며
찾아온 일고 동창
두 손엔 막걸리 두 병
비닐봉지도 젖어 있다
시간을
삼키는 거다
노가리 씹는 거다

가을장마

철모르고 날뛰는 게 어디 인간뿐이랴
입추 지났다고 우쭐대며 내리는 비

감나무
여름을 잊고
잎 하나
뚝
떨어진다

가을과 겨울 사이

늦가을 단풍 아래선
재채기도 하지 말아
아직도
가을이라고
부끄려 서 있는데
겨울이
성큼 왔다고
사르르르
다 벗잖아

겨울비

입춘 지나 종일 내려
다 젖은 아침에는
감나무도 감기 들었나
재채기 소리 들린다
우듬지
끝에 맺힌 콧물
얼 듯 말 듯 서성이고

봄일까 겨울일까
그래도 땅에 스며
그 새 못 참은 매화
벌써 아, 벙글었다
뿌리는
저리 젖어도
시간은 젖지 않는다

청소

청소는 버리는 것
먼지를 털어내는 것
안 쓰는 물건이 어찌 한둘이랴만
시집들
문인의 방에
먼지 쓰고 앉았구나

'고성기 선생님께'
정성으로 보낸 글씨
안 본다고 어찌 버리랴 아들에겐 짐만 될 책
한 번 더
읽고 버리자
돋보기를 꺼내 든다

그래도 버리지 못해
서재에 쌓아두면
시인이 무겁단다 나는 더 무거워도
업보業報다
언어 쓰레기
끙끙 앓고 다시 쓴다

| 고성기의 시세계 |

섬의 상상력과 순백의 시조

전 해 수(문학평론가)

　1987년 『시조문학』에 「가을 단상」을 발표하면서 등단한 고성기 시인은 제주에서 나고 제주에서 자랐으며, 대학과 직장까지도 제주에서 보낸 진정 제주 토박이 시인이다. 1992년에 상재한 첫 시집 『섬을 떠나야 섬이 보입니다』와 2020년에 발간한 네 번째 시집 『섬에 있어도 섬이 보입니다』가 짝을 이루고 있는 것은 비단 우연이 아닐 것이다. 섬 문학을 알고자 한다면, 섬의 문학적 상상력을 엿보고 싶다면, 우리는 고성기 시인을 빼놓을 수는 없을 것이다.

　그런데 환기할 만한 사실은 고성기 시인이 등단 이전인 1984년에 제주시조문학회를 창립한 주요한 멤버였고, 최근(2024년)에는 제주여고 교직 생활로 틈틈이 모은 1억 원을 선뜻 기부하여, 향후 20년간 문학상과 상금을 함께 수여하는 "늘물섬문학상"을 제정하였다는 점이다. 고성기 시인은 "늘물섬문학상"을 제주 시조문학회에 일임하였으며, 올해부터 이를 시상하게 되었다. 또한 첫 시집과 네 번째 시집을 이어주듯, 섬 문학의 새로운 시작과 끝을 이룬 것이 고성기 시인에게는 제주 시조문학회임을 잘 알 수 있다.

이른바 고성기 시인은 시조로 사는 삶을 '운명'으로 받아들였을 뿐만 아니라 몸소 '섬의 문학'을 실천하였고, 섬 문학의 발전을 위해 많은 것을 헌신하고 있는 것이다. 시인의 시조 사랑과 고향 제주에 대한 사랑은 이처럼 충분히 짐작되고도 남는 바이다.

주지하듯 최근 넷플릭스에서 인기리에 방영된 드라마『폭싹 속았수다』는 제주도를 배경으로 하여 가난한 섬 소년과 섬 소녀의 사랑과 인생 이야기를 다루었는데, 제주를 중심으로 한, 2대에 걸친 한국의 근현대사가 함께 조망되어 많은 관심을 끌었다. 주인공인 소녀의 어머니는 물질을 해서 생계를 잇는 해녀이고, 소녀가 평생을 함께한 소년은 가난한 제주의 삶에서 식솔을 키우고 먹이기 위해 결국은 어선을 탄다. 한국의 어느 지역이든, 전쟁을 겪은 1950~60년대의 시대상이 모두 그러하지만, 특히 이 당시 제주는 섬이라는 지리적 특수성과 함께 한층 가난하고 열악한 환경을 답보하고 있었다. 어쩌면 드라마『폭싹 속았수다』의 시대적 배경이 고성기 시인이 살아온 시대와 거의 일치한다 해도 억측은 아닐 듯싶다. 더구나 '폭싹 속았수다'의 뜻이 '정말 고생 많았다'는 제주도 방언이라는 점을 상기하면 드라마의 배경이 된 시대와 장소는 고성기 시조를 읽는 지금, 실로 뭉클해지는 지점이 있다.

드라마의 영향도 한 스푼 얹어서 고성기 시인의 시조를 읽으니, 시인이 나고 자란 제주가 문학소녀(소년)으로 성장한 삶의 여러 측면들이 오버랩 되면서, 뭉클한 마음이 들었다. 섬에서 시를 쓴다는 것은, 희망과 꿈과 현실의 극복과 아울러 삶의 생기로서의 제주 바다가 충분히 가치 있는 것이었으리라는 추측을 해보게 한다. 고성기 시인에게 제주가, 시조가, 아마도 그랬을 것이다. 이번에 시인의 자서「시와 함께 걸어온 길」을 숙독하면서, 제주라는 섬, 제주를 둘러싼 바다, 바다의 거센 풍랑을 떠오르게 하는 파도는, 고성기 시인이 제주에서 '숨'처럼 기댄 순백의 시조와 섬의 문학을 생성하게 한 터전이었음을 잘 알 수 있었다.

> 부서질 줄 아는 사람
> 외로운 섬
> 파도 됩니다
> 바다, 그 아무리 넓어도
> 발끝까지 어루만져
> 그리움
> 보석처럼 빛나
> 별로 뜨는
> 섬 하나
> 섬 둘
>
> -「파도」 전문

시인이 선택한 기발표작 가운데 「파도」는 시집 『가슴에 닿으면 현악기로 떠는 바다』(2002)에 수록된 시조이다. 「파도」가 이 시집의 첫 번째 시조(서시)로 자리 잡은 것을 보면, 섬과 바다 그리고 파도에 관한 시인의 정서는 매우 깊어서 이는 곧 삶의 이정표이자 숙명적인 대상임을 알 수 있다. 시인이 부서지는 파도를 수시로 바라보게 하는 제주 바다는 어느새 발끝에 닿는 파도의 촉감으로 자신이 머문 곳이 섬에 소속되어 있음을 깨닫게 한다. "파도"는 외로운 섬을 견디는 하나의 그리움으로 다시 생성되어 진정 "부서질 줄 아는 사람"으로 시인이 섬에서 나고 자란 성장기를 거친 존재임이 느껴진다. 결국 섬은 바다로 둘러싸인 장소성을 바탕으로 한, 존재의 원천 즉 바다의 생명성을 고스란히 지닌 파도로 직접 체감하게 한다. 이 시집의 해설을 쓴 신승행 시인은 "섬"이 만든 고독에서 "그리움"은 사랑의 전제가 되고, 섬과 또 하나의 섬(나) 사이에 놓인 오롯한 그리움 역시 시련과 인고의 세월을 거쳐 도달한 "별"로 승화하고 있음을 언급하고 있다.

이렇듯 고성기 시인의 제주에는 "근원적인 고독"(시인의 자서 참조)이 있음을 환기한다. 시인은 "제주 섬사람들이 착취당하지 않고 살아본 날이 하루가 없었다. 제주 사람들에게 바다는 단절의 공간이고 무덤의 공간이었다"고 회상한다. 정녕 발끝에 가 닿는 파도가 이내 부서지는 건, 어디에고 닿을 수 없는 단절이, 그 끝의 촉감이 만든, 섬의 외로움인 것이다.

> 이 섬에선 어딜 가나
> 기다림만 모여 산다
>
>   도항선 타고 오는 아들을 기다리고 낚시 간 남편의 돌돔을 기다리고
>   소라 해삼 잡으려고 썰물을 기다린다 아 오늘은 딸 사위가 오는 날
> 전복의 외출을 기다린다 왜 기다림은 매일 짧까
>
> 섬에선
> 아무리 둘러봐도
> 기다림밖에 없다
>
> 이 섬에는 어딜 가나
> 그리움만 널려있다
>
>   유채꽃밭에 떨어진 사연도 줍고 책상 앞 흑백 사진에 아버지도 웃고 있고

별이 떨어진 숲길에는 속삭임도 잠들어 있다 아직도 오
지 않는 그 사람 오늘은 밉지 않다

이 섬엔
그리움도 짜다
보고 싶을수록 더 짜다

-「섬에는」 전문

섬을 둘러싼 외로움과 그리움의 정서는 이번 신작 시조에도 잘 드러난다. 섬은 외로움을 견뎌내고 그리움으로 다시 명명된다. 다만, 이제는 누군가를 기다리던 섬이 한 세대를 통과하여, 딸과 사위를 기다리는 섬으로 공간이 증폭된 점에서 유장한 세월의 흐름을 느낄 수 있다. 이처럼 섬의 그리움과 기다림의 미학이 이번 신작 시조의 세계라 할 수 있을 것이다.

그런데 위 시는 앞서 언급한 드라마 『폭싹 속았수다』의 세계관이 얼핏 겹쳐서 시상을 두 배로 가깝게 체감할 수 있다. 이를테면, "도항선 타고 오는 아들을 기다리고 낚시 간 남편의 돌돔을 기다리고 소라 해삼 잡으려고 썰물을 기다리"는 모습이 드라마 속 제주 할망의 모습을 떠올리게 한다던가 "사위가 오는 날 전복의 외출을 기다리"는 모습은 드라마에서 자주 등장한 해녀 잠수부의 모습으로 선연하게 비치기 때문이다. 그러나 "섬에선/ 아무리 둘러봐도 기다림밖에 없"는 것. 아무도 오지 않는 섬의 시간은 "그리움도 짜"다. 이처럼 옹골차게 섬사람의 그리움이 기다림의 정서로 이어져서, 이 시조는 "아직도 오지 않는 그 사람"을 오늘도 기다리는 그리움과 기다림의 미학이 잘 드러나 있다.

우리가 섬이라면

그리워만 할 것인가
너와 나
섬이라면
바라보기만 할 것인가
난 오늘
징검다리 시
하나씩
쓰고 있다

이 시가
파도를 타고
파도가 시가 되어
쌓이고 또 쌓으면
어느 날 다리가 될까
부르다
하루가 지면
올컥 토하는
핏빛
놀

-「우리가 섬이라면」 전문

앞의 시「섬에는」이 품은 정서가 무릇 그리움과 기다림이라면, 위 시「우리가 섬이라면」이 드러내고 있는 정서는 그 이후의 사연이라 할 수 있다. 만약 우리가 "섬이라면 그리워만 할 것인가/ 너와 나/ 섬이라면/ 바라보기만 할 것인가" 토로하고 있는 시적 화자는 좀 더 확산하여 "이 시가/ 파도를 타고/ 파도가 시가 되"는 날에 한층 올컥해지는 기분을 느낀다. 이른바 "어느 날"이 "쌓이고 또 쌓이면" 그 어느 날은 파도와 섬을 이어주는 "다리"가 될 것이다. 파도를 타고 그 파도가 시가 되어 여전히 섬에 머무는 것은 섬이어서 가능한 섬 문학의 상상력이라 할 수 있을 것이다.

> 어머니 가슴입니다
> 구멍 숭숭 뚫렸습니다
> 아버지 미친 바람
> 수없이 드나들고
> 자식들
> 손 모은 바람도
> 숨어 쉬는 그늘입니다
>
> 무자년 노란 봄엔
> 총알이 지나갔고
> 보리 익을 무렵엔
> 태풍도 보냈습니다
> 비워도
> 비울 게 남은
> 새까만 가슴입니다
>
> ―「제주 돌담」 전문

그런데 시인에게 제주는 어머니의 섬과도 같다. 태생적으로 제주에 나고 자랐을 뿐만 아니라, 성인이 된 후에도 직장 생활을 제주에서 한 시인은 진정 제주를 떠날 수 없는 제주의 참 시인이다. 특히 현무암처럼 구멍이 숭숭 뚫린 "어머니의 가슴"을 닮은 '섬'은 섬을 지키는 "제주의 돌담"으로 현현했다. 혹여 제주의 돌담이 "아버지의 미친 바람" 때문에 난 구멍임을 적시한다고 하더라도 "비워도 비울 게 남은" 현무암은 바람이 쉬어가는 '그늘'과도 같은 것이다.

무릇 제주도는 이처럼 어머니의 정서를 지닌 "새까만 가슴"으로 소환된다. 아니다. 제주의 여성들은 "비워도 비워 둘게 남은 새까만 가슴"을 지니고 있는 한의 정서와 함께하고 있다. 제주의 여성은 그리움과 외로움으로 인해, 텅텅 빈 가슴만이, 남았다.

게다가 제주는 "무자년 노란 봄에 총알이 지나갔"고, 세월은 흥흥했으며, 아버지와 자식들이 수없이 드나드는 "미친 바람"에 의해 현무암처럼 바람이 빠져나갈 만큼의 구멍이 숭숭 가슴에 뚫렸다. 그리움과 기다림에 연이어, 한의 정서와 한의 미학이 돌올해진다.

> 누이야!
> 숨어 있어도
> 고운 얼굴 보인단다
> 아무리 감추어도 하얀 속살 보인단다
> 젖꼭지
> 그 아래 숨긴
> 뽀얀 열매도 보인단다
>
> 한 사람 사랑하는 일
> 그 또한 고행이거늘
> 누이야
> 한 철을 삭혀
> 빨갛게 익은 육질
> 부서져
> 까만 씨 됨을
> 다 썩어야 어른 됨을

-「감꽃 1」 전문

　섬의 상상력은 금빛 귤에 이어 감꽃의 빛과 과육에도 시선이 가 닿는다. 위 시에 주된 이미지인 "감꽃"의 빛깔은 한철을 삭혀 "빨갛게 익은 육질"이 부서져 "까만 씨"가 된 빛깔의 형상으로 드러난다. 또한, 위 시는 "누이"를 호명하며 "감꽃"이 익어가는 모습에 비유하기도 했는데, 위 시의 "누이"는 감꽃이 꽃 피우고 열매를 맺고 이 열매가 익어가는 성장의 과정을 담아내기 위해 비유된 대상이라 할 수 있다.

　사실 제주에 많은 것은 감나무보다는 귤나무이다. 실상 고성기 시인은 시인의 처소인 '정류헌'에 가서 감나무를 심었다. 정류헌은 '정이 흐르는 집'을 의미하는데, 시인의 제자가 세워준 시비가 그곳에 있다. 그 시비에는 「부부」라는 시가 새겨져 있는 것이다.

　　함께 살다 보면
　　입맛마저 같아지고
　　얼굴까지 닮아지면
　　말다툼도 맛이 든다
　　등돌려
　　돌아누워도
　　발끝부터 따슨 체온
　　옆집과 견주면은
　　모자라는 남편이고
　　왼종일 뜯어보아도
　　볼품없는 아내지만
　　동짓달 얼싸안으면
　　동치미가 익는다

-「부부」 전문

"부부란 먼 길 가다 돌아보며 손 흔들어 주는 그런 존재"(이하 「시인의 자서」에서)라 말한 고성기 시인은 "어떤 때에는 웬수 같기도 하고 타인 같기도" 한 그가(아내) 결국은 나의 "벗은 몸을 보여준" 유일한 벗임을 자각하고 있다. 그러니까 "인동초를 닮아 향이 짙은 사람"이 바로 나의 벗은 몸을 본 나의 벗 "아내"인 것이다.

시비로 세워진 위 시「부부」는 대상과 대상 간의 관계가 정서적 유대와 인간미와 사랑의 형성이 잘 형상화되어 한 편의 아름다운 시조를 낳았다. 부부란 오랫동안 살면서 장점과 단점이 어우러져 "동치미"처럼 익어간 사이란 것이다. 위 시조는 평범한 듯 편안하게 구술되다가 마지막 구절에 이르러 절창을 이룬다. 즉 "얼싸안으면 동치미가 익는다"는 구절은 고성기 시조의 아름다움이 어디에서 비롯되는지를 여실히 보여주는 대목이다. 또한 시조의 율격을 이렇듯 어울리게 구성하여 제시하는 것은 시조의 멋을 한껏 살려 시조의 매력을 더하고 있다.

아내의 이야기에서 한 걸음 나아가 여성에 대한 생각을 가감 없이 보여주는 시편이 이번 특집에는 또 한 편이 더 있다.

겨울비 오는 날엔
쏘주 한잔 제격이지
화장도 반찬이라며
웃음 살폿 감추더니
바람난
웬수 생각에
싹
둑

싹

둑

잘리는 순대

-「국밥집 아줌마」 전문

　위 시조에서도 엿보이듯이 섬 여성의 삶에 깊은 공감을 지닌 시인은 섬의 다른 이름을 '어머니'로 부른다. 위 시조의 "국밥집 아줌마"도 시인처럼 제주에서 자란 어느 섬 소년의 어머니일 것이다. "바람난 웬수"는 남편일 가능성이 백 퍼센트다. 그러나 "싹/ 둑/ 잘리는 순대"처럼 쉽게 자를 수는 없는 남편이기에 그녀는 국밥집 순대를 대신 "싹/ 둑" 자른다. 그리고 그녀는 "쏘주 한잔이 제격"이라며 스스로를 위무하고자 한다. 이러한 태도는 바로 섬 여성이 현실을 극복하는 (소박하지만 위대한) 방식에 다름 아니다.

눈 감고
새 소리 들으면
영실 단풍이 활활 타네요

정류헌에 노루 왔으니
산록도로 눈 쌓였겠다

새소리 외로우면
그토록 혼자 울면

와락 와
안기는 섬
우린 모두 섬이었구나

-「섬에 있어도 섬이 보입니다」 부분

  이제 인생의 고락을 함께한, 제주 섬은 시인의 마음속에 안주한 존재의 섬이 되었다. 시인이 거처하는, 정이 흐른다는 정류헌에도 단풍이 활활 타는 가을을 맞은 또 다른 그리움의 섬이 있을 것이고, 혼자 우는 새소리의 외로움이 들릴 것이며, 산록도로에는 노루가 왔다 갈 것이기에, 그의 섬은 "와락 와 안기는 섬"으로 마침내 칭송될 것이다. 무엇보다도, 섬처럼 고독하게 사는 인간의 마음이 그저 "모두 섬"이란 것을, 고성기 시인은 그의 시조를 통해 일깨워 주고 있다.

*이 해설은 2025 「시조시학」 여름호에 실린 것입니다.

전 해 수

문학평론가, 2005년 『문학선』 평론 등단, 저서로는 『비평의 시그널』, 『메타모포시스 시학』, 『푸자의 언어』 등이 있음.

그림과책 시선 344

섬은 보고 싶을 때 더 짜다

초판 1쇄 발행일 _ 2025년 10월 15일

지은이 _ 고성기
펴낸이 _ 손근호

펴낸곳 _ 도서출판 그림과책
출판등록 2003년 5월 12일 제300-2003-87호

03924 서울특별시 마포구 월드컵북로54길 17 821호
     (상암동, 사보이시터디엠씨)
     도서출판 그림과책
전화 (02)720-9875, 2987 _ 팩스 (02)720-4389
도서출판 그림과책 homepage _ www.sisamundan.co.kr
후원 _ 월간 시사문단(www.sisamundan.co.kr)
E-mail _ munhak@sisamundan.co.kr

ISBN 979-11-93560-51-8(03810)

값 12,000원

이 책의 판권은 지은이와 그림과책에 있습니다.
잘못된 책은 교환해 드립니다.

이 책은 제주문화예술재단의 지원을 받아 발간되었습니다.